ESPAÑOL 2000

NIVEL MEDIO

CUADERNO DE EJERCICIOS

Primera edición en 1989
Decimotercera edición en 2001

CONTENIDO DEL METODO

Español 2000: Nivel Elemental.
Español 2000: Nivel Elemental Cassette.
Español 2000: Nivel Elemental Cuaderno.
Español 2000: Nivel Elemental Cuaderno Cassette.
Español 2000: Nivel Medio.
Español 2000: Nivel Medio Cassette.
Español 2000: Nivel Medio Ejercicios.
Español 2000: Nivel Medio Ejercicios Cassette.
Español 2000: Nivel Superior.

Español 2000: Gramática (3 niveles).

Produce:
SGEL-EDUCACION
Avda. Valdelaparra, 29 - 28108 Alcobendas (Madrid)

ISBN: 84-7143-449-0
Depósito legal: M-10.228-2001
Impreso en España-Printed in Spain.

Compone: RAIZ, S.L.
Imprime: SITTIC, S.L.
Encuaderna: EUROPA

NIEVES GARCÍA FERNÁNDEZ

JESÚS SÁNCHEZ LOBATO

PEDRO GOMIS BLANCO

ESPAÑOL 2000
NIVEL MEDIO

CUADERNO DE EJERCICIOS

SGEL

SOCIEDAD GENERAL ESPAÑOLA DE LIBRERÍA, S. A.

LECCIÓN 1

UNA ENTREVISTA CON EL JEFE DE PERSONAL

EJERCICIO 1. *Transforme, según el modelo.*

Modelo: Viajo en metro. / Cuando vivía en Madrid.
Cuando vivía en Madrid, viajaba en metro.

1. Estudio por las noches. / Cuando era joven. ....
2. Trabajas mucho. / Cuando necesitabas dinero. ....
3. Conduces muy rápido. / Cuando tenías prisa. ....
4. Nos bañamos en el mar. / En vacaciones. ....
5. Me gusta bailar. / De joven. ....
6. Llueve mucho. / En otoño. ....
7. Me gusta pasear. / Cuando tenía tiempo. ....
8. Aprendemos los idiomas con facilidad. / De niños. ....

EJERCICIO 2. *Transforme, según el modelo.*

Modelo: Hoy hace buen tiempo. / Ayer.
Ayer hizo buen tiempo.

1. Estoy de vacaciones. / La semana pasada. ....
2. Trabajas demasiado. / El año pasado. ....

4

3. Hacéis los ejercicios. / Ayer por la tarde. ....

4. Ellas tienen mucha suerte. / El sábado pasado. ....

5. Estoy en Madrid. / En 1985. ....

6. Esta tarde hay una conferencia muy interesante. / Ayer por la tarde. ....

7. No comprendemos la lección. / El otro día. ....

8. No voy al cine. / Anoche. ....

EJERCICIO 3. *Transforme, según el modelo.*

Modelo: Hoy hace buen tiempo. / Esta semana.
Esta semana ha hecho buen tiempo.

1. Estoy de vacaciones. / Estos días. ....

2. Trabajas demasiado. / Este año. ....

3. Hacéis los ejercicios. / Esta mañana. ....

4. Ellas tienen mucha suerte. / Últimamente. ....

5. Estoy en Madrid. / Esta semana. ....

6. Esta tarde hay una conferencia muy interesante. / Esta mañana. ....

7. No comprendemos la lección. / Hoy. ....

8. No voy al cine. / Este mes. ....

EJERCICIO 4. *Transforme, según el modelo.*

Modelo: Hoy voy de excursión. / Mañana.
Mañana iré de excursión.

1. Hoy hace buen tiempo. / El domingo. ....

2. Tienes mucha hambre. / Si no comes. ....

3. Digo la verdad. / Si me lo piden. ....

4. Podemos ir al campo. / Si hace buen tiempo. ....

5. Sabéis la lección. / Si estudiáis. ....

6. Sales de viaje. / Si tienes dinero. ....

7. Pongo la radio. / Si no te importa. ....

8. Hacéis auto-stop. / Si queréis viajar. ....

LECCIÓN 2

UNA TARDE EN EL CINE

EJERCICIO 1. *Emplee el presente de subjuntivo, según el modelo.*

Modelo: Lloverá mucho. / ¡Ojalá!
¡Ojalá llueva mucho!

1. Iré a verte. / ¡Ojalá! ....
2. Luis vendrá a visitarnos. / Tal vez. ....
3. No tendremos tiempo. / Quizá. ....
4. Llegaréis puntuales. / Acaso. ....
5. Tendrás mucha suerte. / Tal vez. ....
6. Me marcharé de viaje. / Quizá. ....
7. Tendremos noticias de Luis. / ¡Ojalá! ....
8. Volveremos a vernos. / Quizá. ....

EJERCICIO 2. *Ponga en presente de subjuntivo, según el modelo.*

Modelo: Creo que es imposible.
No creo que sea imposible.

1. Creo que saben lo que pasó. ....
2. Creemos que es tarde. ....

6

3. Creo que el problema está solucionado. ....

4. Creemos que la informática es muy práctica. ....

5. Creemos que le duele la cabeza. ....

6. Creo que sabes español. ....

7. Creo que tienen un coche nuevo. ....

8. Creemos que es suficiente. ....

EJERCICIO 3. *Indique la finalidad mediante la conjunción* **para que**, *empleando el presente de subjuntivo, según el modelo.*

Modelo: Trabajo. / Comer mi hija.
   Trabajo para que coma mi hija.

1. Te lo digo. / Saberlo. ....

2. Os lo repito. / No olvidarlo. ....

3. Cierra la puerta. / No escaparse el gato. ....

4. Lo hago. / No molestarte. ....

5. Abrigo al niño. / No coger frío. ....

6. Viene a casa. / Ayudarle en los ejercicios. ....

7. Enciendo la estufa. / Calentarse la habitación. ....

8. Te escribo hoy. / Recibir la carta mañana. ....

EJERCICIO 4. *Exprese el futuro, según el modelo.*

Modelo: Cuando tengo tiempo, me voy de excursión.
   Cuando tenga tiempo, me iré de excursión.

1. Cuando me aburro, veo la televisión. ....

2. Cuando recibo carta, contesto inmediatamente. ....

3. Cuando busca trabajo, lo encuentra fácilmente. ....

4. Cuando se lo propone, es muy trabajador. ....

5. Cuando hace buen tiempo, pasean por el parque. ....

6. Cuando viene, me trae un regalo. ....

7. Cuando llueve, me pongo un impermeable. ....

8. Cuando le invitamos, acepta encantado. ....

LECCIÓN 3

EN LA ESTACIÓN

EJERCICIO 1. *Emplee el pretérito perfecto de subjuntivo, según el modelo.*

Modelo: Creo que han ido de excursión.
   No creo que hayan ido de excursión.

1. Creo que ha estado de vacaciones. ....
2. Creo que ha llovido. ....
3. Creo que han reparado el coche. ....
4. Creo que has perdido el tren. ....
5. Creo que habéis terminado el trabajo. ....
6. Creo que has llegado tarde. ....
7. Creo que has perdido tu trabajo. ....
8. Creo que han aprendido el subjuntivo. ....

EJERCICIO 2. *Transforme, según el modelo.*

Modelo: Creo que no han ido de excursión.
   No creo que no hayan ido de excursión.

1. Creo que no ha estado de vacaciones. ....
2. Creo que no ha llovido. ....

3. Creo que no han reparado el coche. ....

4. Creo que no has perdido el tren. ....

5. Creo que no habéis terminado el trabajo. ....

6. Creo que no has llegado tarde. ....

7. Creo que no has perdido tu trabajo. ....

8. Creo que no han aprendido el subjuntivo. ....

EJERCICIO 3. *Transforme, según el modelo.*

Modelo: Venid con nosotros: es necesario.
Es necesario que vengáis con nosotros.

1. Estudiad más: es imprescindible. ....

2. Haz ejercicio: es importante. ....

3. Cuídate: es conveniente. ....

4. Respondedme pronto: es importante. ....

5. Repasa los verbos irregulares: es necesario. ....

6. Ve películas en español: es interesante. ....

7. Corregid las faltas: es importante. ....

8. Repite la lección: es necesario. ....

EJERCICIO 4. *Transforme, según el modelo.*

Modelo: Al salir del trabajo, vendré a buscarte.
Cuando salga del trabajo, vendré a buscarte.

1. Al recibir tu carta, te escribiré. ....

2. Al pagarle —nosotros— la deuda, retirará la denuncia. ....

3. Al llegar a tu destino, llámame por teléfono. ....

4. Al conocer la noticia, se asustará. ....

5. Al caerse el jarrón, se romperá. ....

6. Al oír tu voz, se extrañará. ....

7. Al preguntar, te responderán. ....

8. Al salir de clase, iremos al teatro. ....

LECCIÓN 4

LA VIDA EN LA GRAN CIUDAD

EJERCICIO 1. *Ponga en pasado, según el modelo.*

Modelo: Te lo digo para que lo sepas.
   Te lo dije para que lo supieses.

1. Es necesario que vengas. ....
2. Me extraña que haga frío. ....
3. No creo que sea importante. ....
4. Dudo que llegues a tiempo. ....
5. Temo que el director nos engañe. ....
6. Salgo de casa sin que me vea nadie. ....
7. Trabajo para que coma mi familia. ....
8. Me extraño de que sea tan tarde. ....

EJERCICIO 2. *Emplee **ojalá**, según el modelo.*

Modelo: No tengo dinero.
   ¡Ojalá tuviese dinero!

1. Estos niños no obedecen. ....
2. Este aparato no funciona. ....

10

3. No llueve. ....

4. Antonio no tiene hermanos. ....

5. Mi novia no me escribe. ....

6. Nadie te hace caso. ....

7. El bebé no se duerme. ....

8. El profesor no repite la lección. ....

EJERCICIO 3. *Emplee el condicional, según el modelo.*

Modelo: ¿Puede ayudarme?
¿Podría ayudarme?

1. ¿Puedo hacerle una pregunta? ....

2. ¿Podemos sentarnos? ....

3. ¿Puedes acompañarnos? ....

4. ¿Pueden darme fuego? ....

5. ¿Podéis callaros? ....

6. ¿Puede hacerme un favor? ....

7. ¿Puede ayudarme a cruzar la calle? ....

8. ¿Puedes decirme qué te pasa? ....

EJERCICIO 4. *Exprese la condición, según el modelo.*

Modelo: Como no tengo tiempo, no voy a verte.
Si tuviera tiempo, iría a verte.

1. Como no estudia, no aprende. ....

2. Como no tiene interés, no se esfuerza. ....

3. Como no tienes sed, no bebes. ....

4. Como no tenemos prisa, no corremos. ....

5. Como no es tarde, no nos vamos a casa. ....

6. Como no tiene sueño, no se duerme. ....

7. Como no es rico, no te invita. ....

8. Como no trabaja, no tiene dinero. ....

LECCIÓN 5

EN LA MONTAÑA

EJERCICIO 1. *Emplee el pretérito pluscuamperfecto de subjuntivo, según el modelo.*

Modelo: No he hecho los ejercicios.
   ¡Ojalá hubiera hecho los ejercicios!

1. No me han contestado. ....
2. No le han abierto la puerta. ....
3. No nos han ayudado. ....
4. No le han pedido permiso. ....
5. No te han servido la comida. ....
6. No me he despertado pronto. ....
7. No os han querido escuchar. ....
8. No he aprobado el examen. ....

EJERCICIO 2. *Emplee el condicional compuesto, según el modelo.*

Modelo: No he querido hacer los ejercicios. ¿Y tú?
   ¿Los habrías hecho tú?

1. No me han querido contestar. ¿Y usted? ....
2. No le han querido abrir la puerta. ¿Y vosotros? ....

3. No nos han querido ayudar. ¿Y ustedes? ....

4. No le han querido pedir permiso. ¿Y tú? ....

5. No me han querido servir la comida. ¿Y usted? ....

6. No me he querido despertar pronto. ¿Y vosotros? ....

7. No os han querido escuchar. ¿Y ellas? ....

8. No te han querido aprobar el examen. ¿Y el otro profesor? ....

EJERCICIO 3. *Siga el modelo.*

Modelo: Hacer buen tiempo. / Ir de vacaciones.
Si hubiera hecho buen tiempo, habría ido de vacaciones.

1. Tener dinero. / Comprar una moto. ....

2. Estudiar más. / Aprobar el examen. ....

3. Llover más. / Ser mejor la cosecha. ....

4. Tener menos problemas. / Dormir mejor. ....

5. Levantarse antes. / No perder el tren. ....

6. Ir. / Ver la película. ....

7. Tener tiempo. / Ir a visitarte. ....

8. Saberlo. / Avisarte. ....

EJERCICIO 4. *Transforme, según el modelo.*

Modelo: Como no has estudiado, no has aprobado el examen.
Si hubieras estudiado, habrías aprobado el examen.

1. Como no has venido, no has comido. ....

2. Como no me han hecho caso, no han llegado a su destino. ....

3. Como no has regado las plantas, no han crecido. ....

4. Como no han arreglado el coche, no han podido ir. ....

5. Como no has jugado a la lotería, no te ha tocado. ....

6. Como no ha obedecido al médico, no se ha curado. ....

7. Como no se ha acostado, no ha descansado. ....

8. Como no nos ha gustado la comida, no hemos repetido. ....

LECCIÓN 6

UN ENCUENTRO CASUAL

EJERCICIO 1. *Transforme, según el modelo.*

Modelo: Él me dice: "Estoy muy cansado".
 Él me dice que está muy cansado.

1. Ella me dice: "Ya es muy tarde". ....
2. El profesor nos dice: "Repetid los ejercicios". ....
3. El médico te dice: "Fume menos". ....
4. Mi padre dice: "Me voy a la cama". ....
5. Los niños dicen: "Hoy no tenemos colegio". ....
6. Tu novia dice: "Tengo que ir a visitar a unos amigos". ....
7. Antonio dice: "Creo que va a llover". ....
8. Luisa dice: "He perdido el autobús". ....

EJERCICIO 2. *Transforme al estilo indirecto, según los modelos.*

Modelos: ¿Dónde está el libro?   **¿Es pronto?**
 Él pregunta que dónde está el libro.   ***Él pregunta si es pronto.***

1. ¿Qué hora es? ....
2. ¿Estás cansado? ....
3. ¿Dónde viven tus padres? ....
4. ¿Tienes prisa? ....
5. ¿Trabajáis mucho? ....

6. ¿Cómo está vuestra familia? ....

7. ¿Cuál es el mejor camino? ....

8. ¿Has leído mi último libro? ....

EJERCICIO 3. *Siga los modelos.*

Modelos: ¿Es pronto?
　　　　Me preguntó si era pronto.

　　　　¿Dónde está el libro?
　　　　Me preguntó que dónde estaba el libro.

1. ¿Qué hora es? ....

2. ¿Estás cansado? ....

3. ¿Dónde viven tus padres? ....

4. ¿Tienes prisa? ....

5. ¿Trabajáis mucho? ....

6. ¿Cómo está vuestra familia? ....

7. ¿Cuál es el mejor camino? ....

8. ¿Has leído mi último libro? ....

EJERCICIO 4. *Ponga en estilo indirecto, según el modelo.*

Modelo: Él me dijo: "Sal de aquí".
　　　　Él me dijo que saliese de allí.

1. Ella me dijo: "Ten cuidado". ....

2. Antonio nos dijo: "Ved esa película". ....

3. Él me ha dicho: "No trabajes tanto". ....

4. Mi hija me ha dicho: "Cómprame un cuento". ....

5. El policía nos dijo: "Paren el motor del coche". ....

6. El médico me dijo: "No tome nada de alcohol". ....

7. Los obreros nos dijeron: "No pasen por esta carretera". ....

8. El profesor nos dijo: "Hagan una redacción para mañana". ....

LECCIÓN 7

VISITA A UN MUSEO

EJERCICIO 1. *Ponga en pasiva, según el modelo.*

Modelo: El director explica el problema.
    El problema es explicado por el director.

1. Los obreros ocuparon la fábrica. ....
2. El árbitro expulsó a dos jugadores. ....
3. El fontanero reparó el grifo. ....
4. El ministro de Cultura inaugura la exposición. ....
5. La policía desalojó a los revoltosos. ....
6. El dependiente aconseja a los compradores. ....
7. Los jueces condenaron al acusado. ....
8. El mecánico repara el coche. ....

EJERCICIO 2. *Forme la pasiva refleja, según el modelo.*

Modelo: El acuerdo ha sido revisado.
    Se ha revisado el acuerdo.

1. Todas las precauciones han sido tomadas. ....
2. El primer premio ha sido vendido en Valencia. ....

3. El partido de fútbol ha sido jugado a puerta cerrada. ....

4. Las declaraciones han sido archivadas. ....

5. La reunión ha sido aplazada hasta el lunes. ....

6. El asesino ha sido detenido. ....

7. Todos los pisos han sido vendidos. ....

8. Las mercancías han sido descargadas. ....

EJERCICIO 3. *Emplee la forma impersonal* **se,** *según el modelo.*

Modelo: Alquilo esta casa.
   Se alquila esta casa.

1. Vendo huevos. ....

2. Servimos a domicilio. ....

3. Hablamos español. ....

4. Doy clases de guitarra. ....

5. Necesitamos un aprendiz. ....

6. Dicen que el ministro ha dimitido. ....

7. Está prohibido fumar. ....

8. Alquilamos habitaciones con derecho a cocina. ....

EJERCICIO 4. *Emplee el diminutivo, según el modelo.*

Modelo: Hoy hace fresco.
   Hoy hace fresquito.

1. Están plantando unos árboles. ....

2. ¡Qué cómodos son estos sillones! ....

3. Ayer conocí a tus chicos. ....

4. Tienes un salón muy acogedor. ....

5. Es un perro muy fiel a su amo. ....

6. ¿Puedes darme un cigarro? ....

7. ¡Qué calor hace aquí! ....

8. ¿Cómo sigue tu abuela? ....

LECCIÓN 8

EN LA FACULTAD

EJERCICIO 1. *Exprese la causa con* **porque,** *según el modelo.*

Modelo: Como nevaba, no salí a la calle.
   No salí a la calle porque nevaba.

1. Como están enfadados, no te han saludado. ....
2. Como estoy enfermo, no voy a la oficina. ....
3. Como es rico, se permite todos los lujos. ....
4. Como se lo ha prohibido el médico, no fuma. ....
5. Como es abstemio, sólo bebe agua. ....
6. Como eres el culpable, te exigimos una explicación. ....
7. Como a ti te lo ha explicado, explícanoslo a nosotros. ....
8. Como estafó a su familia, nadie se fía de él. ....

EJERCICIO 2. *Exprese la causa con* **por + infinitivo,** *según el modelo.*

Modelo: No le alquilaron la habitación porque fuma.
   Por fumar, no le alquilaron la habitación.

1. Se quedó en los huesos porque no comía. ....
2. Perdió el tren porque no se levantó a tiempo. ....

3. Está en la cárcel porque estafó a su familia. ....

4. Está muy enfermo porque no sigue los consejos del médico. ....

5. No iremos de vacaciones porque has suspendido el examen. ....

6. No vendrá con nosotros porque tiene que estudiar. ....

7. Le castigaron porque faltó al respeto a su capitán. ....

8. Está afónico porque cogió frío ayer. ....

EJERCICIO 3. *Exprese la consecuencia con **tanto** + **verbo** + **que,** según el modelo.*

Modelo: Aprobó de tanto estudiar.
Tanto estudió que aprobó.

1. Lo consiguió de tanto repetírmelo. ....

2. Se quedó afónico de tanto cantar. ....

3. Nos compramos un piso de tanto ahorrar. ....

4. Estoy cansado de tanto pasear. ....

5. Estamos hartos de tanto esperar. ....

6. Ha engordado de tanto comer. ....

7. Sabemos la lección de tanto estudiarla. ....

8. Se quedó ciego de tanto leer. ....

EJERCICIO 4. *Ponga la grafía correcta.*

1. El......ira andu......o ......uscando un ......olígrafo.

2. La cor......ata del ......icepresidente es demasiado llamati......a.

3. El lo......o es un animal carní......oro.

4. Los ......illancicos son típicos de Na......idad.

5. No ad......ertí que estu......ieras cauti......o.

6. Si ......oy en automó......il, te a......isaré.

7. De pequeño, estu......o en un colegio de pár......ulos.

8. Nos ......eremos en el ......ar a las nue......e.

LECCIÓN 9

NOCHE DE FIESTA

EJERCICIO 1. *Exprese la condición con la conjunción **si**, según el modelo.*

Modelo: De tener tiempo, iría a verte.
Si tuviera tiempo, iría a verte.

1. De saberlo, te lo diría. ....
2. De tener dinero, nos compraríamos un barco. ....
3. De llegar a tiempo, iríamos a cenar. ....
4. De tener interés, estudiaría. ....
5. De haber dormido, estaría descansado. ....
6. De oír la radio, estaríais informados. ....
7. De no fumar, tendrías mejor salud. ....
8. De estar callado, no te equivocarías. ....

EJERCICIO 2. *Transforme, según el modelo.*

Modelo: Como no estudió, no aprobó.
Si hubiera estudiado, habría aprobado.

1. Como no se dio prisa, perdió el autobús. ....
2. Como no llamaste, no pude contártelo. ....

20

3. Como no aprobamos, no fuimos de vacaciones. ....

4. Como no conseguí el empleo, no pude emanciparme. ....

5. Como no hablé con él, no supe la noticia. ....

6. Como no salí a la calle, no hice tu recado. ....

7. Como no nevó, no hizo falta poner las cadenas. ....

8. Como no teníamos dinero, no fuimos de viaje. ....

EJERCICIO 3. *Transforme, según el modelo.*

Modelo: Si hubiera estudiado, habría aprobado.
De haber estudiado, habría aprobado.

1. Si se hubiera dado prisa, no habría perdido el autobús. ....

2. Si hubieras llamado, te lo habría contado. ....

3. Si hubiéramos aprobado, habríamos ido de vacaciones. ....

4. Si hubiera conseguido el empleo, habría podido emanciparme. ....

5. Si hubiera hablado con él, habría sabido la noticia. ....

6. Si hubiera salido a la calle, habría hecho tu recado. ....

7. Si hubiera nevado, habría hecho falta poner las cadenas. ....

8. Si hubiéramos tenido dinero, habríamos ido de viaje. ....

EJERCICIO 4. *Ponga la grafía correcta.*

1. El presente del verbo prote.......er es: yo prote.......o, tú prote.......es, etc.

2. El profesor de ....eografía es muy foto.......énico.

3. Hay que esco.......er entre tantos neolo.......ismos.

4. A las personas que te.......en se les llama te.......edoras.

5. Hay que respetar los már.......enes de las pá.......inas.

6. Recuerdo muy bien la ima.......en del ....inete.

7. El ....esuita enve.......eció rápidamente.

8. El ....eneral escuchaba los ....emidos del soldado.

LECCIÓN 10

VISITA A UNA REDACCIÓN

EJERCICIO 1. *Exprese la concesión utilizando la conjunción **aunque,** según el modelo.*

Modelo: Pedro ha estudiado mucho, pero no ha aprobado el examen.
   Aunque Pedro ha estudiado mucho, no ha aprobado el examen.

1. Llovía mucho, sin embargo se fueron de excursión. ....
2. Ella está a régimen, sin embargo no adelgaza. ....
3. Iremos a protestar, pero no nos harán caso. ....
4. Él está enfermo, sin embargo sigue trabajando. ....
5. Aún tengo fiebre, pero me encuentro mejor. ....
6. Corrimos mucho, sin embargo no pudimos alcanzar el tren. ....
7. Le diré toda la verdad, pero no me creerá. ....
8. Conduces muy bien, pero no debes correr tanto. ....

EJERCICIO 2. *Forme adjetivos derivados de sustantivos, según el modelo.*

Modelo: Esta revista aparece una vez al mes. Es una revista ....
   Es una revista mensual.

1. Él entrena todos los días. Tiene entrenamiento ....
2. Hace un tiempo de primavera. Tenemos un tiempo ....
3. Hacemos balance una vez al año. Éste es el balance ....
4. Me pagan cada semana. Tengo una paga ....
5. Esta historia tiene muchos siglos. Es una historia ....
6. Este frío es propio del invierno. Tenemos un frío ....

7. Nuestro equipo se reúne cada trimestre. Tenemos una reunión ....

8. Este conjunto está muy bien para el verano. Es un conjunto muy ....

EJERCICIO 3. *Forme palabras compuestas, según el modelo.*

Modelo: Ya no tengo que fregar los platos. Tengo un ....
Tengo un friegaplatos.

1. No puedo abrir esta lata. No tengo un ....

2. En este sofá se puede dormir. Es un ....

3. Él compra y vende coches. Tiene una tienda de .... de coches

4. Tengo que quitar esta mancha. ¿Tienes un ....?

5. Quiero oír este disco. Por favor, pon el ....

6. Todo se ha entendido mal. Todo ha sido un ....

7. Mi lápiz no tiene punta. Necesito un ....

8. Su hijo tiene el pelo rojo. Es ....

EJERCICIO 4. *Forme adjetivos mediante el sufijo más apropiado, según el modelo.*

Modelo: Este niño llora mucho.
Este niño es muy llorón.

1. María madruga mucho.

....

2. Juan come mucho.

....

3. Luis hace mucho deporte.

....

4. Tenemos hambre.

....

5. Este niño tiene sed.

....

6. Mi vecina habla mucho.

....

7. Tú duermes mucho.

....

8. Esto no se puede creer.

....

LECCIÓN 11

LA DESPEDIDA

EJERCICIO 1. *Exprese la comparación, según el modelo.*

Modelo: Yo fumo mucho, pero tú ....
   Yo fumo mucho, pero tú fumas más que yo.

1. Vosotros trabajáis mucho, pero nosotros ....
2. Él habla bien francés, pero ella ....
3. Vuestra vivienda es pequeña, pero la nuestra ....
4. Nuestro coche es grande, pero el vuestro ....
5. Tú juegas bien al tenis, pero yo ....
6. Él habla muy deprisa, pero tú ....
7. Este vestido me gusta mucho, pero ése ....
8. Usted gana poco, pero yo ....

EJERCICIO 2. *Forme sustantivos, según el modelo.*

Modelo: ¿Cómo se llama el que cuida un jardín?
   Jardinero.

1. ¿Cómo se llama el que repara los zapatos?
   ....

2. ¿Cómo se llama el que conduce un camión?
   ....

3. ¿Cómo se llama el que asiste a un congreso?

....

4. ¿Cómo se llama el que hace una entrevista?

....

5. ¿Cómo se llama el que hace un reportaje?

....

6. ¿Cómo se llama el que fabrica pan?

....

7. ¿Cómo se llama el que vende carne?

....

8. ¿Cómo se llama el que conduce un taxi?

....

EJERCICIO 3. *Exprese el nombre del comercio, según el modelo.*

Modelo: Necesito unos zapatos. ¿Hay aquí cerca una ....**?**
**   *Necesito unos zapatos. ¿Hay aquí cerca una zapatería?***

1. Tengo que comprar papel. ¿Hay aquí cerca una ....?
2. Tengo que cortarme el pelo. ¿Hay aquí cerca una ....?
3. Me apetece comer pasteles. ¿Hay aquí cerca una ....?
4. Quiero comprar unos libros. ¿Hay aquí cerca una ....?
5. Necesito arreglar mi reloj. ¿Hay aquí cerca una ....?
6. Tengo que comprar pan. ¿Hay aquí cerca una ....?
7. Tengo que comprar pescado. ¿Hay aquí cerca una ....?
8. Necesito fruta. ¿Hay aquí cerca una ....?

EJERCICIO 4. *Forme sustantivos a partir de adjetivos, según el modelo.*

Modelo: Él es muy malo.
**   *Él tiene mucha maldad.***

1. Ella es muy humana.

....

2. Este niño es muy hábil.

....

3. Este cuadro es muy luminoso.

....

4. Este piso es muy claro.

....

5. Este tema es muy musical.

....

6. Hay que ser más humilde.

....

7. Hay que ser más puntual.

....

8. Hay que ser más formal.

....

LECCIÓN 12

ESPAÑA Y SU SITUACIÓN EN EL MUNDO

EJERCICIO 1. *Haga la concordancia entre el sujeto y el verbo, según el modelo.*

Modelo: (Ser muy simpático) Tanto tu padre como tu madre ....
Tanto tu padre como tu madre son muy simpáticos.

1. (Veranear) Tanto ellos como nosotros .... en el mismo pueblo.
2. (Saber) Ninguno de vosotros tres .... la verdad.
3. (Llegar) La mayor parte de los congresistas .... ayer.
4. (Estar estropeado) Tanto el coche como la bicicleta ....
5. (Preferir) Mis amigos y yo .... ir al cine.
6. (Opinar) Tanto Pedro como María .... lo mismo.
7. (Poder) Sólo Luis y tú .... solucionar el problema.
8. (Tener) Tanto ellos como vosotros .... razón.

EJERCICIO 2. *Utilice el artículo determinado **el / la,** según el modelo.*

Modelo: Hay que seguir .... **orden del día.**
Hay que seguir el orden del día.

1. .... habla de esta región es muy peculiar.
2. Tu situación me duele en .... alma.
3. .... antena está estropeada.

4. ¡Apaga .... radio!

5. Viajaremos por todo .... África del Norte.

6. El pelo le tapaba .... frente.

7. ¡Mete .... moto en el garaje!

8. .... capital de esta empresa es francés.

EJERCICIO 3. *Coloque la forma correcta del determinante, según el modelo.*

Modelo: Tengo .... **hambre canina.**
         Tengo un hambre canina.

1. La clase de español es en .... aula dos.

2. La gallina es .... ave de corral.

3. .... esquemas gramaticales de este libro son muy claros.

4. Dame .... hacha para cortar leña.

5. .... armas nucleares son muy peligrosas.

6. Él busca .... ama de llaves responsable.

7. Muchos políticos defienden .... sistema capitalista.

8. El tráfico de drogas es .... problema mundial.

EJERCICIO 4. *Forme el plural según el modelo.*

Modelo: El águila es un ave de presa.
         Las águilas son aves de presa.

1. ¡Póngase el cinturón de seguridad!

....

2. ¿Es éste tu paraguas?

....

3. ¡Enséñeme su carné de identidad!

....

4. Éste es un perro lobo.

....

5. Esta carta no tiene matasellos.

....

6. El hombre-rana arriesgó su vida.

....

7. Esta calle es zona peatonal.

....

8. ¿Dónde está tu bloc de dibujo?

....

LECCIÓN 13

LA LENGUA ESPAÑOLA: SU DIFUSIÓN

EJERCICIO 1. *Utilice las preposiciones **para** o **por**.*

Modelo: Entró ...... **el balcón.**
Entró por el balcón.

1. No hay ningún problema .... mi parte.
2. Sabemos la noticia .... la radio.
3. Está prohibido circular .... esta calle.
4. Salieron en coche .... Italia.
5. Él se conserva muy bien .... su edad.
6. Ella no sirve .... este trabajo.
7. Vendimos la casa .... poco dinero.
8. Estas flores son .... ti.

EJERCICIO 2. *Forme adjetivos con prefijos, según el modelo.*

Modelo: Esta persona no sabe leer. Esta persona es ....
Esta persona es analfabeta.

1. Él tiene varios empleos. Él está ....
2. Este verso tiene diez sílabas. Es un verso ....
3. Esta actriz sale muy bien en las fotos. Es una actriz muy ....

4. Él tiene muchos millones. Él es ....

5. Él está en todas partes. Él es ....

6. Esta carta no tiene firma. Es una carta ....

7. Este periódico divulga las nuevas ideas fascistas. Es un periódico ....

8. Estas ideas van en contra de la democracia. Estas ideas son ....

EJERCICIO 3. *Forme adjetivos con el sufijo* **-ble***, según el modelo.*

Modelo: Su comportamiento no se puede explicar.
Su comportamiento es inexplicable.

1. Este proyecto no se puede realizar.

....

2. Este aire no se puede respirar.

....

3. Esta situación no se puede soportar.

....

4. Estas setas no se pueden comer.

....

5. Esta enfermedad no se puede curar.

....

6. Esta conducta no se puede comprender.

....

7. Este calor no se puede aguantar.

....

8. Esta propuesta no se puede admitir.

....

EJERCICIO 4. *Sustituya la forma masculina por la femenina, según el modelo.*

Modelo: Mi padrino es muy simpático.
Mi madrina es muy simpática.

1. Él es un poeta muy famoso.

....

2. ¿Quién es el actor principal?

....

3. El emperador llevaba una corona de oro.

....

4. ¿Qué edad tiene su yerno?

....

5. El rey saludó al gobierno.

....

6. El príncipe aún está soltero.

....

7. Él es un héroe nacional.

....

8. El sacerdote presentó las ofrendas.

....

LECCIÓN 14

HISPANOAMÉRICA

EJERCICIO 1. *Utilice los verbos* **ser** *o* **estar,** *según el modelo.*

Modelo: El jefe .... hoy de mal humor.
El jefe está hoy de mal humor.

1. María .... de enfermera en este hospital.
2. Esta enfermedad .... muy contagiosa.
3. Tienes que .... más puntual.
4. Tengo que .... a las ocho en punto en la oficina.
5. Vuestra hija .... hecha una mujercita.
6. Juan .... loco por ti.
7. El problema .... aún sin solucionar.
8. La situación económica .... preocupante.

EJERCICIO 2. *Utilice los verbos* **ser** *o* **estar,** *según el modelo.*

Modelo: Ten cuidado con él. No .... persona de fiar.
Ten cuidado con él. No es persona de fiar.

1. Tienen muchas deudas. .... con el agua al cuello.
2. Se llevan muy bien. .... a partir un piñón.

3. No pierdas la paciencia. Todo .... cuestión de práctica.

4. Tengo que estudiar mucho. Mi profesor .... un hueso.

5. Hay que montar guardia y .... ojo avizor.

6. Él siempre cumple su palabra. .... un hombre de honor.

7. Es un vago. Siempre .... cruzado de brazos.

8. Ella no respeta a nadie. .... una deslenguada.

EJERCICIO 3. *Utilice los verbos* **ser** *o* **estar,** *según el modelo.*

Modelo: Este niño .... **más listo que el hambre.**
        Este niño es más listo que el hambre.

1. El enfermo .... entre la vida y la muerte.

2. Su novia .... de muy buena familia.

3. Luis .... un hombre de pelo en pecho.

4. Este político .... un veleta.

5. Tu hermano .... una cabeza loca.

6. Hoy la profesora .... de mal talante.

7. Nuestra emisora .... al habla con Perú.

8. Él .... un personaje en el mundo deportivo.

EJERCICIO 4. *Utilice los verbos* **ser / estar,** *según el modelo.*

Modelo: Su abuela .... **internada en un sanatorio.**
        Su abuela está internada en un sanatorio.

1. Nadie nos encontrará aquí. En este lugar .... seguros.

2. No voy a repetirlo. Este tema ya .... explicado.

3. Luisa .... muy alegre porque ha venido su novio.

4. Pilar siempre se ríe. .... una persona muy alegre.

5. Ese hombre .... respetado por todos.

6. La avería eléctrica ya .... arreglada.

7. Después de esta tragedia, ellos .... destrozados.

8. Esta mañana .... aceptada la propuesta.

LECCIÓN 15

EL ESPAÑOL EN AMÉRICA

EJERCICIO 1. *Sustituya la oración subordinada por una oración de infinitivo, según el modelo.*

Modelo: Si sigues así, no triunfarás.
**   *De seguir así, no triunfarás.***

1. Cuando ellos entraron, la situación cambió.

....

2. Aunque era muy listo, no aprobó el examen.

....

3. Mientras repasaba las cuentas, descubrí varios errores.

....

4. Está en la cárcel, porque ha cometido un atraco.

....

5. Si está en mi mano, te ayudaré.

....

6. Antes de que lo acuses, comprueba su culpa.

....

7. A pesar de que es muy pobre, está contento.

....

8. Aunque hace mucho deporte, no adelgaza.

....

EJERCICIO 2. *Sustituya la oración de infinitivo, gerundio o participio por una oración subordinada, según el modelo.*

Modelo: Al montarme en el autobús, me quitaron el dinero.
   Mientras me montaba en el autobús, me quitaron el dinero.

1. Entrenándote todos los días, podrás ser campeón.
   ....

2. Terminada la sesión, nos fuimos a comer.
   ....

3. De seguir así, no conseguiremos nuestro objetivo.
   ....

4. Estudiando mucho, aprobarás el examen.
   ....

5. Aun diciendo la verdad, nadie te creerá.
   ....

6. Por querer adelgazar rápidamente, se puso enfermo.
   ....

7. Al llegar a casa, nos enteramos de la noticia.
   ....

8. Llorando un poco, quizá te hagan caso.
   ....

EJERCICIO 3. *Sustituya la oración de infinitivo, gerundio o participio por una oración subordinada, según el modelo.*

Modelo: Terminada la cena, nos fuimos a bailar.
   Cuando terminó la cena, nos fuimos a bailar.

1. Acabado el debate, se realizó la votación.
....

2. Teniendo más tiempo, podríamos hacerlo mejor.
....

3. Aun siendo muy rico, vive muy austeramente.
....

4. Llegado el momento, se despidió de todos.

....

5. Al enterarse de la noticia, empezó a llorar.

....

6. De haberlo sabido, te habría llamado.

....

7. Sabiendo idiomas, podrás encontrar un buen trabajo.

....

8. De no ser por ti, hubiéramos perdido el partido.

....

EJERCICIO 4. *Utilice el sustantivo más apropiado al verbo* **echar,** *según el modelo.*

Modelo: La policía le pudo echar .... **al ladrón.**
La policía le pudo echar el guante al ladrón.

1. En el bautizo del hijo echaron .... por la ventana.
2. Vamos a echar .... para celebrarlo.
3. Hay que arriesgarse y echar toda .... en el asador.
4. En las dificultades, él siempre me echa ....
5. Para lograr su buena posición, ha tenido que echar ....
6. ¡Echa .... para ver si todo está en orden!
7. Una adivina nos echó ....
8. Él ha echado .... en esta profesión.

LECCIÓN 16

EL TURISMO

EJERCICIO 1. *Utilice una perífrasis verbal, según el modelo.*

Modelo: Trabajo a marchas forzadas (andar).
  Ando trabajando a marchas forzadas.

1. Pienso que no tienes razón (seguir).
....

2. Hemos coleccionado muchos sellos de España (tener).
....

3. El enfermo se recupera despacio (ir).
....

4. He escrito muchas páginas (llevar).
....

5. Carmen trabaja en una empresa japonesa (estar).
....

6. ¿Has preparado las maletas? (tener).
....

7. Sólo han analizado cinco productos (llevar).
....

8. Pensamos viajar por Europa (tener).
....

EJERCICIO 2. *Utilice el participio irregular, según el modelo.*

Modelo: ¿Le han eximido a tu hijo del servicio militar? Sí, mi hijo está ....
   Sí, mi hijo está exento.

1. ¿Han imprimido ya el libro? Sí, el libro ya está ....
2. ¿Has corregido ya la redacción? La redacción ya está ....
3. ¿Se ha despertado ya tu hermano? Sí, mi hermano ya está ....
4. ¿Has suspendido el examen? Sí, tengo el examen ....
5. ¿Se ha soltado un cable? Sí, hay un cable ....
6. ¿Se ha extendido mucho en la conferencia? Sí, su conferencia ha sido muy ....
7. ¿Os han atendido ellos bien? Sí, han sido ....
8. ¿Habéis soltado los perros? Sí, los perros están ....

EJERCICIO 3. *Verbos con dos participios. Utilice el participio más apropiado, según el modelo.*

Modelo: (Elegir) Esta noche hablará el presidente ....
   Esta noche hablará el presidente electo.

1. (Abstraer) No me gusta la pintura ....
2. (Convencer) Nosotros estamos .... de su inocencia.
3. (Manifestar) La oposición ha .... su desacuerdo.
4. (Proveer) Para esquiar hay que estar .... de un buen equipo.
5. (Suspender) ¿Cuántos alumnos han .... el examen?
6. (Confundir) Él tiene las ideas un poco ....
7. (Confesar) ¿Ha .... ya el criminal?
8. (Atender) ¡Tenéis que estar más ....!

EJERCICIO 4. *Utilice el verbo **hacer** con el sustantivo más apropiado, según el modelo.*

Modelo: Hoy no he ido a clase. He hecho ....
   He hecho novillos.

1. ¡Qué tarta de chocolate tan rica! Se me hace la boca ....
2. No sé cómo solucionar el problema. Estoy hecho ....

3. Carlos llegó a casa muy borracho. Llegó haciendo ....

4. La figura de porcelana se ha roto. Se ha hecho ....

5. Ella no quiso saber nada del asunto. Se hizo ....

6. Tengo mucha ropa sucia. Voy a hacer ....

7. Ellos tienen una tienda de helados. Este verano han hecho ....

8. ¡No te enfades! ¡Deja de hacer ....

LECCIÓN 17

LA EMIGRACIÓN

EJERCICIO 1. *Sustituya las siguientes formas verbales por el presente de indicativo, según el modelo.*

Modelo: ¡Cállate!
   ¡Tú te callas!

1. Pasado mañana iremos al cine.
....

2. La guerra civil española terminó en 1939.
....

3. ¡Márchate inmediatamente!
....

4. Por poco nos hemos quedado sin entradas.
....

5. Cristóbal Colón descubrió América en 1492.
....

6. ¡Quedaos aquí!
....

7. ¿Estarás mañana por la tarde en casa?
....

8. ¡Véngase con nosotros!
....

EJERCICIO 2. *Conjugue el verbo en pretérito imperfecto de indicativo, según el modelo.*

Modelo: (Ser) Cuando llegamos, ya .... **de noche.**
   Cuando llegamos, ya era de noche.

1. (Querer) ¿Tú .... preguntar algo?
2. (Desear) ¿Usted .... hablar conmigo?
3. (Poder) Vosotros nos .... ayudar.
4. (Venir) Yo .... a que me prestaras dinero.
5. (Ser) Yo .... muy pequeño cuando murió mi padre.
6. (Ser) La vida en esta ciudad .... antes más tranquila.
7. (Salir) Cuando nosotros .... de casa, sonó el teléfono.
8. (Tener) Vosotros .... que ser más amables con él.

EJERCICIO 3. *Forme el futuro, según el modelo.*

Modelo: ¡Dime siempre la verdad!
   ¡Me dirás siempre la verdad!

1. ¡Haz lo que te diga!
   ....

2. Hay que encontrar una solución.
   ....

3. ¿Qué hora es ya?
   ....

4. ¡Vosotros os quedáis aquí!
   ....

5. ¿Quién viene a estas horas?
   ....

6. Mañana tengo que quedarme en la oficina.
   ....

7. ¿Quién puede ayudarnos?
   ....

8. ¿Cuántas personas caben en esta sala?
   ....

EJERCICIO 4. *Utilice el sustantivo más apropiado con el verbo **tener**, según el modelo.*

Modelo: Este hombre es muy interesante. Tiene mucha ....
   Este hombre es muy interesante. Tiene mucha personalidad.

1. Ella no se calla por nada. No tiene .... en la lengua.
2. Tu hija canta muy bien. Creo que tiene .... de artista.
3. Hazlo como quieras. Cada maestrillo tiene su ....
4. A él nada le altera. Tiene más .... que un galápago.
5. Ellos no tienen problemas económicos. Tienen cubierto el ....
6. Nuestros planes han fracasado. Hemos tenido mala ....
7. El enfermo está muy grave. Tiene la vida en un ....
8. Ella es muy diplomática. Tiene mucha .... izquierda.

LECCIÓN 18

LA DIVERSIDAD PENINSULAR

EJERCICIO 1. *Utilice el condicional simple, según el modelo.*

Modelo: Si llueve, no iremos de excursión.
Si lloviera, no iríamos de excursión.

1. Mañana yo puedo estar a las siete en tu casa.

....

2. ¿Tiene una habitación con baño?

....

3. ¿Quiere decirme dónde está el director?

....

4. ¿Está usted dispuesto a colaborar con nosotros?

....

5. Si hace buen tiempo, salimos mañana para Toledo.

....

6. Él tiene que estar ya en casa.

....

7. ¿Es posible telefonear desde aquí?

....

8. ¿Me puedes ayudar?

....

EJERCICIO 2. *Conjugue el verbo en pretérito perfecto o pretérito indefinido, según el modelo.*

Modelo: (Ir) Anoche me ...... pronto a la cama.
Anoche me fui pronto a la cama.

1. (Vivir) Nosotros siempre .... en este barrio.
2. (Ser) Esta primavera .... muy lluviosa.

3. (Hacer) El verano pasado .... mucho más calor.

4. (Decir) Ella aún no me .... nada.

5. (Ir) Él hoy no .... a trabajar.

6. (Llegar) El tren todavía no ....

7. (Estar) ¿Dónde .... usted ayer por la tarde?

8. (Nevar) Esta noche .... mucho.

EJERCICIO 3. *Utilice el pretérito pluscuamperfecto o el pretérito anterior según el modelo:*

Modelo: Cuando llegamos, él ya se .... **(ir).**
Cuando llegamos, él ya se había ido.

1. Nada más .... (cenar), me fui a dormir.

2. Cuando llegamos a la estación, el tren ya .... (salir).

3. Aunque .... (nevar), se podía circular sin problemas.

4. Nosotros ya sabíamos que él .... (ser) culpable.

5. Una vez .... (desayunar), salieron de viaje.

6. Ella ganó la carrera porque se .... (entrenar) a fondo.

7. Todo sucedió como ellos .... (prever).

8. Yo ya .... (ver) la película, pero no me acordaba del final.

EJERCICIO 4. *Ponga el verbo en futuro perfecto o condicional compuesto, según el modelo.*

Modelo: Supongo que ellos ya ...... **(llegar).**
Supongo que ellos ya habrán llegado.

1. Vosotros, en mi lugar .... (reaccionar) igual.

2. Si hubieras llegado antes, no te .... (suceder) esto.

3. Creo que nosotros esta tarde .... (terminar) este trabajo.

4. ¿Usted qué .... (hacer) en mi lugar?

5. Yo lo .... (conseguir), pero llegué tarde.

6. Supongo que ustedes .... (leer) las condiciones.

7. ¿Por qué se .... (comportarse) Luis así?

8. Nosotros ya .... (empezar), pero el proyecto está sin aprobar.

LECCIÓN 19

EL FÚTBOL

EJERCICIO 1. *Utilice el presente o el pretérito imperfecto de subjuntivo, según el modelo.*

Modelo: Me mandó que lo .... **(hacer) inmediatamente .**
Me mandó que lo hiciera inmediatamente.

1. Dudo que ellos .... (poder) conseguirlo .
2. Me gustaría que alguien me lo .... (explicar).
3. Dile que lo .... (hacer) en seguida.
4. Te recomiendo que .... (ver) esta película.
5. No creo que .... (ponerse) a llover.
6. Es una pena que os .... (perder) este concierto.
7. Mi padre me aconsejó que .... (estudiar) Medicina.
8. Sentí que vosotros no .... (estar) allí.

EJERCICIO 2. *Utilice el subjuntivo, según el modelo.*

Modelo: Ya es seguro que ellos vienen.
No es seguro que ellos vengan.

1. Creo que él tiene razón. ....
2. Creía que ya estabas aquí. ....
3. Pienso que ellos están enfadados conmigo. ....

4. Ya es seguro que María va a tener gemelos. ....

5. Creemos que no hay ninguna solución. ....

6. Creíamos que era posible conseguirlo. ....

7. Creo que mañana Juan estará ya en casa. ....

8. Pensamos que ésta es la mejor solución. ....

EJERCICIO 3. *Utilice el pretérito perfecto o el pretérito pluscuamperfecto de subjuntivo,*
según el modelo.

Modelo: Si .... **(escuchar) atentamente, no harías ahora esta pregunta.**
 Si hubieras escuchado atentamente, no harías ahora esta pregunta.

1. Me iré a casa cuando .... (acabar) este trabajo.

2. El que .... (romper) esto tiene que pagarlo.

3. Si .... (cumplir) con tu deber, no te habrían echado del trabajo.

4. No creíamos que la operación .... (ser) tan complicada.

5. No es posible que María .... (hacer) esto.

6. Me trató como si yo .... (cometer) un crimen.

7. No me podía imaginar que ellos .... (sufrir) tanto.

8. Aunque le .... (decir) la verdad, no nos habría creído.

EJERCICIO 4. *Ponga el verbo en la forma de subjuntivo más apropiada, según el modelo.*

Modelo: Las pruebas que usted .... **(hacer) después serán más difíciles.**
 Las pruebas que usted haga después serán más difíciles.

1. Siempre harás lo que yo te .... (mandar).

2. Os aconsejo que .... (leer) este libro.

3. Me pidió que le .... (dar) pronto una contestación.

4. Es posible que Carlos ya .... (volver) de la oficina.

5. Espero que el examen .... (ser) fácil.

6. Me advirtió que .... (tener) cuidado con él.

7. Dile que .... (venir) mañana.

8. Fue una pena que usted no .... (poder) venir.

LECCIÓN 20

PRENSA Y POLÍTICA

EJERCICIO 1. *Utilice el imperativo, según el modelo.*

Modelo: ¿Me puede traer la correspondencia? Por favor,.................................
Por favor, tráigame la correspondencia.

1. ¿Quieres estarte quieto? Por favor, ...
2. Os pido que os pongáis a nuestro lado. Por favor, ...
3. ¿Me pueden decir su dirección? Por favor, ...
4. Te ruego que conduzcas más despacio. Por favor, ...
5. Le he dicho que no me interrumpa. Por favor, ...
6. ¿Queréis callaros de una vez? Por favor, ...
7. Te suplico que me digas la verdad. Por favor, ...
8. ¿Queréis tener más paciencia? Por favor, ...

EJERCICIO 2. *Use el pronombre **se,** según el modelo.*

Modelo: Juan .... salió del ejército.
Juan se salió del ejército.

1. Ellos .... levantan muy temprano.
2. Son vecinos, pero .... odian a muerte.
3. Ella .... cose toda su ropa.
4. La película era tan aburrida que .... durmió en el sofá.
5. ¿Cuánto tiempo .... va a quedar usted en España?
6. Él quiere comprar .... un coche deportivo.

7. En este restaurante .... come muy bien y barato.

8. Aquí .... alquilan apartamentos en primera línea de playa.

EJERCICIO 3. *Convierta en pasivas reflejas o en impersonales las siguientes frases, según el modelo.*

Modelo: En esta urbanización venden pisos.
En esta urbanización se venden pisos.

1. Ayer encontraron el arma del delito.

....

2. Todos han aprobado el proyecto.

....

3. En España consumimos más vino que en otros países.

....

4. Mañana retransmiten el partido en directo.

....

5. ¿Alquilan algún piso en este edificio?

....

6. Comentan que mañana habrá huelga de transportes.

....

7. En España la gente cena muy tarde.

....

8. ¿Cuándo han aprobado esta ley?

....

EJERCICIO 4. *Forme sustantivos o adjetivos con raíces sufijas, según el modelo.*

Modelo: Este médico es un buen especialista en el sistema nervioso. Es un buen ....
Es un buen neurólogo.

1. Tienes muy mala letra y haces muchas faltas. ¡Cuida tu .... !

2. Es un gran amante de los libros. Es un gran ....

3. Tengo que llevar a mi hijo a un médico especialista en niños. ¿Conoces a un buen ......?

4. Me dan miedo los lugares oscuros y cerrados. Tengo ....

5. Este profesor es un gran especialista en lenguas. Es un gran ....

6. Este gobierno ha sido elegido por el pueblo. Es un gobierno ....

7. Mi padre es un gran amante de todo lo relacionado con España. Es un gran ....

8. Carlos quiere especializarse en el estudio de los virus. Quiere estudiar ....

LECCIÓN 21

LA CONFERENCIA DE MADRID

EJERCICIO 1. *Utilice la preposición más adecuada, según el modelo.*

Modelo: Confío ...... **ti.**
**   *Confío en ti.***

1. Profundizaremos más .... este tema.
2. Está empezando .... llover.
3. Las feministas luchan .... la emancipación de la mujer.
4. Hay que adaptarse .... las circunstancias.
5. Yo me ocuparé personalmente .... este asunto.
6. Ella se ha especializado .... Física Nuclear.
7. Mi trabajo no lo cambio .... nada.
8. ¡Ponte .... trabajar!

EJERCICIO 2. *Utilice el verbo más apropiado, según el modelo.*

Modelo: ¿Sabes .... **al tenis?**
**   *¿Sabes jugar al tenis?***

1. ¿A qué hora .... el tren a Barcelona?
2. Necesitamos ayuda. ¿Podemos .... contigo?
3. María es muy formal. Siempre .... con su palabra.
4. Ellos .... ayer de viaje.
5. Tengo muy mala memoria. No me .... de nada.

6. Esta obra .... de dos volúmenes.

7. Ella quiere empezar de nuevo y .... con el pasado.

8. ¿Te gustaría .... hoy al teatro?

EJERCICIO 3. *Utilice el numeral apropiado, según el modelo.*

Modelo: Más de 1.000 personas asistieron a la fiesta.
   Más de un millar de personas asistió a la fiesta.

1. ¿Cuánto cuestan 500 gramos de queso manchego?
   ....

2. En los últimos diez años se ha avanzado mucho en este proyecto.
   ....

3. En clase somos 20 y sólo 10 han aprobado el examen.
   ....

4. ¿Le pongo 250 gramos de aceitunas?
   ....

5. Esto sucedió hace más de 100 años.
   ....

6. El curso de español dura seis meses.
   ....

7. Voy por el capítulo doce de esta novela.
   ....

8. En los primeros tres meses cuesta más concentrarse en los estudios.
   ....

EJERCICIO 4. *Forme el adjetivo gentilicio, según el modelo.*

Modelo: Mis padres han nacido en Andalucía. Mis padres son ....
   Mis padres son andaluces.

1. Mi abuela ha nacido en Galicia.
   ....

2. Nuestros tíos han nacido en Barcelona.
   ....

3. Carmen ha nacido en Madrid.

....

4. Carlos ha nacido en Marruecos.

....

5. El conferenciante ha nacido en Polonia.

....

6. Mis primos han nacido en Portugal.

....

7. Estos turistas han nacido en Grecia.

....

8. Su novia ha nacido en Canadá.

....

SOLUCIONES

LECCIÓN 1

EJERCICIO 1.

1. Cuando era joven, estudiaba por las noches.
2. Cuando necesitabas dinero, trabajabas mucho.
3. Cuando tenías prisa, conducías muy rápido.
4. En vacaciones, nos bañábamos en el mar.
5. De joven, me gustaba bailar.
6. En otoño, llovía mucho.
7. Cuando tenía tiempo, me gustaba pasear.
8. De niños, aprendíamos los idiomas con facilidad.

EJERCICIO 2.

1. La semana pasada estuve de vacaciones.
2. El año pasado trabajaste demasiado.
3. Ayer por la tarde hicisteis los ejercicios.
4. El sábado pasado ellas tuvieron mucha suerte.
5. En 1985 estuve en Madrid.
6. Ayer por la tarde hubo una conferencia muy interesante.
7. El otro día no comprendimos la lección.
8. Anoche no fui al cine.

EJERCICIO 3.

1. Estos días he estado de vacaciones.
2. Este año has trabajado demasiado.
3. Esta mañana habéis hecho los ejercicios.
4. Últimamente ellas han tenido mucha suerte.
5. Esta semana he estado en Madrid.
6. Esta mañana ha habido una conferencia muy interesante.
7. Hoy no hemos comprendido la lección.
8. Este mes no he ido al cine.

EJERCICIO 4.

1. El domingo hará buen tiempo.
2. Si no comes, tendrás mucha hambre.
3. Si me lo piden, diré la verdad.
4. Si hace buen tiempo, podremos ir al campo.
5. Si estudiáis, sabréis la lección.
6. Si tienes dinero, saldrás de viaje.
7. Si no te importa, pondré la radio.
8. Si queréis viajar, haréis auto-stop.

LECCIÓN 2

EJERCICIO 1.

1. ¡Ojalá vaya a verte!
2. Tal vez Luis venga a visitarnos.
3. Quizá no tengamos tiempo.
4. Acaso lleguéis puntuales.
5. Tal vez tengas mucha suerte.
6. Quizá me marche de viaje.
7. ¡Ojalá tengamos noticias de Luis!
8. Quizá volvamos a vernos.

EJERCICIO 2.

1. No creo que sepan lo que pasó.
2. No creemos que sea tarde.
3. No creo que el problema esté solucionado.
4. No creemos que la informática sea muy práctica.
5. No creemos que le duela la cabeza.
6. No creo que sepas español.
7. No creo que tengan un coche nuevo.
8. No creemos que sea suficiente.

EJERCICIO 3.

1. Te lo digo para que lo sepas.
2. Os lo repito para que no lo olvidéis.
3. Cierra la puerta para que no se escape el gato.
4. Lo hago para que no te molestes.
5. Abrigo al niño para que no coja frío.
6. Viene a casa para que le ayude en los ejercicios.
7. Enciendo la estufa para que se caliente la habitación.
8. Te escribo hoy para que recibas la carta mañana.

EJERCICIO 4.

1. Cuando me aburra, veré la televisión.
2. Cuando reciba carta, contestaré inmediatamente.
3. Cuando busque trabajo, lo encontrará fácilmente.
4. Cuando se lo proponga, será muy trabajador.
5. Cuando haga buen tiempo, pasearán por el parque.
6. Cuando venga, me traerá un regalo.
7. Cuando llueva, me pondré un impermeable.
8. Cuando le invitemos, aceptará encantado.

LECCIÓN 3

EJERCICIO 1.

1. No creo que haya estado de vacaciones.
2. No creo que haya llovido.
3. No creo que hayan reparado el coche.
4. No creo que hayas perdido el tren.
5. No creo que hayáis terminado el trabajo.
6. No creo que hayas llegado tarde.
7. No creo que hayas perdido tu trabajo.
8. No creo que hayan aprendido el subjuntivo.

EJERCICIO 2.

1. No creo que no haya estado de vacaciones.
2. No creo que no haya llovido.
3. No creo que no hayan reparado el coche.
4. No creo que no hayas perdido el tren.
5. No creo que no hayáis terminado el trabajo.
6. No creo que no hayas llegado tarde.
7. No creo que no hayas perdido tu trabajo.
8. No creo que no hayan aprendido el subjuntivo.

EJERCICIO 3.

1. Es imprescindible que estudiéis más.
2. Es importante que hagas ejercicio.
3. Es conveniente que te cuides.
4. Es importante que me respondáis pronto.
5. Es necesario que repases los verbos irregulares.
6. Es interesante que veas películas en español.
7. Es importante que corrijáis las faltas.
8. Es necesario que repitas la lección.

EJERCICIO 4.

1. Cuando reciba tu carta, te escribiré.
2. Cuando le paguemos la deuda, retirará la denuncia.
3. Cuando llegues a tu destino, llámame por teléfono.
4. Cuando conozca la noticia, se asustará.
5. Cuando se caiga el jarrón, se romperá.
6. Cuando oiga tu voz, se extrañará.
7. Cuando preguntes, te responderán.
8. Cuando salgamos de clase, iremos al teatro.

LECCIÓN 4

EJERCICIO 1.

1. Fue necesario que vinieses.
2. Me extrañó que hiciese frío.
3. No creí que fuese importante.
4. Dudé que llegases a tiempo.
5. Temí que el director nos engañase.
6. Salí de casa sin que me viese nadie.
7. Trabajé para que comiese mi familia.
8. Me extrañé de que fuese tan tarde.

EJERCICIO 2.

1. ¡Ojalá obedeciesen!
2. ¡Ojalá funcionase!
3. ¡Ojalá lloviese!
4. ¡Ojalá tuviese hermanos!
5. ¡Ojalá me escribiese!
6. ¡Ojalá te hiciesen caso!
7. ¡Ojalá se durmiese!
8. ¡Ojalá repitiese la lección!

EJERCICIO 3.

1. ¿Podría hacerle una pregunta?
2. ¿Podríamos sentarnos?
3. ¿Podrías acompañarnos?
4. ¿Podrían darme fuego?
5. ¿Podríais callaros?
6. ¿Podría hacerme un favor?
7. ¿Podría ayudarme a cruzar la calle?
8. ¿Podrías decirme qué te pasa?

EJERCICIO 4.

1. Si estudiara, aprendería.
2. Si tuviera interés, se esforzaría.
3. Si tuvieras sed, beberías.
4. Si tuviéramos prisa, correríamos.
5. Si fuera tarde, nos iríamos a casa.
6. Si tuviera sueño, se dormiría.
7. Si fuera rico, te invitaría.
8. Si trabajara, tendría dinero.

LECCIÓN 5

EJERCICIO 1.

1. ¡Ojalá me hubieran contestado!
2. ¡Ojalá le hubieran abierto la puerta!
3. ¡Ojalá nos hubieran ayudado!
4. ¡Ojalá le hubieran pedido permiso!
5. ¡Ojalá te hubieran servido la comida!
6. ¡Ojalá me hubiera despertado pronto!
7. ¡Ojalá os hubieran querido escuchar!
8. ¡Ojalá hubiera aprobado el examen!

EJERCICIO 2.

1. ¿Me habría contestado usted?
2. ¿Le habríais abierto vosotros?
3. ¿Nos habrían ayudado ustedes?
4. ¿Se lo habrías pedido tú?
5. ¿Me la habría servido usted?
6. ¿Os habríais despertado pronto vosotros?
7. ¿Os habrían escuchado ellas?
8. ¿Te lo habría aprobado el otro profesor?

EJERCICIO 3.

1. Si hubiera tenido dinero, habría comprado una moto.
2. Si hubiera estudiado más, habría aprobado el examen.
3. Si hubiera llovido más, habría sido mejor la cosecha.
4. Si hubiera tenido menos problemas, habría dormido mejor.

5. Si me hubiera levantado antes, no habría perdido el tren.
6. Si hubiera ido, habría visto la película.
7. Si hubiera tenido tiempo, habría ido a visitarte.
8. Si lo hubiera sabido, te habría avisado.

EJERCICIO 4.

1. Si hubieras venido, habrías comido.
2. Si me hubieran hecho caso, habrían llegado a su destino.
3. Si hubieras regado las plantas, habrían crecido.
4. Si hubieran arreglado el coche, habrían podido ir.
5. Si hubieras jugado a la lotería, te habría tocado.
6. Si hubiera obedecido al médico, se habría curado.
7. Si se hubiera acostado, habría descansado.
8. Si nos hubiera gustado la comida, habríamos repetido.

LECCIÓN 6

EJERCICIO 1.

1. Ella me dice que ya es muy tarde.
2. El profesor nos dice que repitamos los ejercicios.
3. El médico te dice que fumes menos.
4. Mi padre dice que se va a la cama.
5. Los niños dicen que hoy no tienen colegio.
6. Tu novia dice que tiene que ir a visitar a unos amigos.
7. Antonio dice que cree que va a llover.
8. Luisa dice que ha perdido el autobús.

EJERCICIO 2.

1. Él pregunta que qué hora es.
2. Él pregunta si estoy cansado.
3. Él pregunta que dónde viven mis padres.
4. Él pregunta si tengo prisa.
5. Él pregunta si trabajamos mucho.
6. Él pregunta que cómo está nuestra familia.
7. Él pregunta que cuál es el mejor camino.
8. Él pregunta si he leído su último libro.

EJERCICIO 3.

1. Me preguntó que qué hora era.
2. Me preguntó si estaba cansado.
3. Me preguntó que dónde vivían mis padres.
4. Me preguntó si tenía prisa.
5. Nos preguntó si trabajábamos mucho.
6. Nos preguntó que cómo estaba nuestra familia.
7. Me preguntó que cuál era el mejor camino.
8. Me preguntó si había leído su último libro.

EJERCICIO 4.

1. Ella me dijo que tuviese cuidado.
2. Antonio nos dijo que viésemos esa película.
3. Él me ha dicho que no trabajase tanto.
4. Mi hija me ha dicho que le comprase un cuento.
5. El policía nos dijo que parásemos el motor del coche.
6. El médico me dijo que no tomase nada de alcohol.
7. Los obreros nos dijeron que no pasásemos por esa carretera.
8. El profesor nos dijo que hiciésemos una redacción para mañana.

LECCIÓN 7

EJERCICIO 1.

1. La fábrica fue ocupada por los obreros.
2. Dos jugadores fueron expulsados por el árbitro.
3. El grifo fue reparado por el fontanero.
4. La exposición es inaugurada por el ministro de Cultura.
5. Los revoltosos fueron desalojados por la policía.
6. Los compradores son aconsejados por el dependiente.
7. El acusado fue condenado por los jueces.
8. El coche es reparado por el mecánico.

EJERCICIO 2.

1. Se han tomado todas las precauciones.
2. Se ha vendido en Valencia el primer premio.
3. Se ha jugado a puerta cerrada el partido de fútbol.
4. Se han archivado las declaraciones.
5. Se ha aplazado hasta el lunes la reunión.
6. Se ha detenido al asesino.
7. Se han vendido todos los pisos.
8. Se han descargado las mercancías.

EJERCICIO 3.

1. Se venden huevos.
2. Se sirve a domicilio.
3. Se habla español.
4. Se dan clases de guitarra.
5. Se necesita (un) aprendiz.
6. Se dice que el ministro ha dimitido.
7. Se prohíbe fumar.
8. Se alquilan habitaciones con derecho a cocina.

EJERCICIO 4.

1. Están plantando unos arbolitos.
2. ¡Qué cómodos son estos silloncitos!
3. Ayer conocí a tus chiquillos.
4. Tienes un saloncito muy acogedor.
5. Es un perrito muy fiel a su amo.
6. ¿Puedes darme un cigarrillo?
7. ¡Qué calorcito hace aquí!
8. ¿Cómo sigue tu abuelita?

LECCIÓN 8

EJERCICIO 1.

1. No te han saludado porque están enfadados.
2. No voy a la oficina porque estoy enfermo.
3. Se permite todos los lujos porque es rico.
4. No fuma porque se lo ha prohibido el médico.
5. Sólo bebe agua porque es abstemio.
6. Te exigimos una explicación porque eres el culpable.
7. Explícanoslo a nosotros porque a ti te lo ha explicado.
8. Nadie se fía de él porque estafó a su familia.

EJERCICIO 2.

1. Por no comer, se quedó en los huesos.
2. Por no levantarse a tiempo, perdió el tren.
3. Por estafar a su familia, está en la cárcel.
4. Por no seguir los consejos del médico, está muy enfermo.
5. Por suspender el examen, no iremos de vacaciones.
6. Por tener que estudiar, no vendrá con nosotros.
7. Por faltar al respeto a su capitán, le castigaron.
8. Por coger frío ayer, está afónico.

EJERCICIO 3.

1. Tanto me lo repitió que lo consiguió.
2. Tanto cantó que se quedó afónico.
3. Tanto ahorramos que nos compramos un piso.
4. Tanto he paseado que estoy cansado.
5. Tanto hemos esperado que estamos hartos.
6. Tanto ha comido que ha engordado.
7. Tanto hemos estudiado la lección que la sabemos.
8. Tanto leyó que se quedó ciego.

EJERCICIO 4.

1. Elvira anduvo buscando un bolígrafo.
2. La corbata del vicepresidente es demasiado llamativa.
3. El lobo es un animal carnívoro.
4. Los villancicos son típicos de Navidad.
5. No advertí que estuvieras cautivo.
6. Si voy en automóvil, te avisaré.
7. De pequeño, estuvo en un colegio de párvulos.
8. Nos veremos en el bar a las nueve.

LECCIÓN 9

EJERCICIO 1.

1. Si lo supiera, te lo diría.
2. Si tuviéramos dinero, nos compraríamos un barco.
3. Si llegáramos a tiempo, iríamos a cenar.
4. Si tuviera interés, estudiaría.
5. Si hubiera dormido, estaría descansado.
6. Si oyerais la radio, estaríais informados.
7. Si no fumaras, tendrías mejor salud.
8. Si te callaras, no te equivocarías.

EJERCICIO 2.

1. Si se hubiera dado prisa, no habría perdido el autobús.
2. Si hubieras llamado, te lo habría contado.
3. Si hubiéramos aprobado, habríamos ido de vacaciones.
4. Si hubiera conseguido el empleo, habría podido emanciparme.
5. Si hubiera hablado con él, habría sabido la noticia.
6. Si hubiera salido a la calle, habría hecho tu recado.
7. Si hubiera nevado, habría hecho falta poner las cadenas.
8. Si hubiéramos tenido dinero, habríamos ido de viaje.

EJERCICIO 3.

1. De haberse dado prisa, no habría perdido el autobús.
2. De haber llamado, te lo habría contado.

3. De haber aprobado, habríamos ido de vacaciones.
4. De haber conseguido el empleo, habría podido emanciparme.
5. De haber hablado con él, habría sabido la noticia.
6. De haber salido a la calle, habría hecho tu recado.
7. De haber nevado, habría hecho falta poner las cadenas.
8. De haber tenido dinero, habríamos ido de viaje.

EJERCICIO 4.

1. El presente del verbo proteger es: yo protejo, tú proteges, etc.
2. El profesor de geografía es muy fotogénico.
3. Hay que escoger entre tantos neologismos.
4. A las personas que tejen se les llama tejedoras.
5. Hay que respetar los márgenes de las páginas.
6. Recuerdo muy bien la imagen del jinete.
7. El jesuita envejeció rápidamente.
8. El general escuchaba los gemidos del soldado.

LECCIÓN 10

EJERCICIO 1.

1. Aunque llovía mucho, se fueron de excursión.
2. Aunque ella está a régimen, no adelgaza.
3. Aunque vayamos a protestar, no nos harán caso.
4. Aunque él está enfermo, sigue trabajando.
5. Aunque aún tengo fiebre, me encuentro mejor.
6. Aunque corrimos mucho, no pudimos alcanzar el tren.
7. Aunque le diga toda la verdad, no me creerá.
8. Aunque conduces muy bien, no debes correr tanto.

EJERCICIO 2.

1. Tiene entrenamiento diario.
2. Tenemos un tiempo primaveral.
3. Éste es el balance anual.
4. Tengo una paga semanal.
5. Es una historia secular.
6. Tenemos un frío invernal.
7. Tenemos una reunión trimestral.
8. Es un conjunto muy veraniego.

EJERCICIO 3.

1. No tengo un abrelatas.
2. Es un sofá-cama.
3. Tiene una tienda de compraventa de coches.
4. ¿Tienes un quitamanchas?
5. Por favor, pon el tocadiscos.
6. Todo ha sido un malentendido.
7. Necesito un sacapuntas.
8. Es pelirrojo.

EJERCICIO 4.

1. María es muy madrugadora.
2. Juan es muy comilón.
3. Luis es muy deportista.
4. Estamos hambrientos.
5. Este niño está sediento.
6. Mi vecina es muy habladora.
7. Tú eres muy dormilón.
8. Esto es increíble.

LECCIÓN 11

EJERCICIO 1.

1. Vosotros trabajáis mucho, pero nosotros trabajamos más que vosotros.
2. Él habla bien francés, pero ella habla mejor que él.
3. Vuestra vivienda es pequeña, pero la nuestra es más pequeña que la vuestra.
4. Nuestro coche es grande, pero el vuestro es mayor que el nuestro.
5. Tú juegas bien al tenis, pero yo juego al tenis mejor que tú.
6. Él habla muy deprisa, pero tú hablas más deprisa que él.
7. Este vestido me gusta mucho, pero ése me gusta más que éste.
8. Usted gana poco, pero yo gano menos que usted.

EJERCICIO 2.

1. Zapatero.
2. Camionero.
3. Congresista.
4. Entrevistador.
5. Reportero .
6. Panadero.
7. Carnicero.
8. Taxista.

EJERCICIO 3.

1. ¿Hay aquí cerca una papelería?
2. ¿Hay aquí cerca una peluquería?
3. ¿Hay aquí cerca una pastelería?
4. ¿Hay aquí cerca una librería?
5. ¿Hay aquí cerca una relojería?
6. ¿Hay aquí cerca una panadería?
7. ¿Hay aquí cerca una pescadería?
8. ¿Hay aquí cerca una frutería?

EJERCICIO 4.

1. Ella tiene mucha humanidad.
2. Este niño tiene mucha habilidad.
3. Este cuadro tiene mucha luminosidad.
4. Este piso tiene mucha claridad.
5. Este tema tiene mucha musicalidad.
6. Hay que tener más humildad.
7. Hay que tener más puntualidad.
8. Hay que tener más formalidad.

LECCIÓN 12

EJERCICIO 1.

1. Tanto ellos como nosotros veraneamos en el mismo pueblo.
2. Ninguno de vosotros tres sabéis la verdad.
3. La mayor parte de los congresistas llegó ayer.
4. Tanto el coche como la bicicleta están estropeados.
5. Mis amigos y yo preferimos ir al cine.
6. Tanto Pedro como María opinan lo mismo.
7. Sólo Luis y tú podéis solucionar el problema.
8. Tanto ellos como vosotros tenéis razón.

EJERCICIO 2.

1. El habla de esta región es muy peculiar.
2. Tu situación me duele en el alma.
3. La antena está estropeada.
4. ¡Apaga la radio!
5. Viajaremos por todo el África del Norte.
6. El pelo le tapaba la frente.
7. ¡Mete la moto en el garaje!
8. El capital de esta empresa es francés.

EJERCICIO 3.

1. La clase de español es en el aula dos.
2. La gallina es un ave de corral.
3. Los esquemas gramaticales de este libro son muy claros.
4. Dame un hacha para cortar leña.
5. Las armas nucleares son muy peligrosas.
6. Él busca un ama de llaves responsable.
7. Muchos políticos defienden el sistema capitalista.
8. El tráfico de drogas es un problema mundial.

EJERCICIO 4.

1. ¡Pónganse los cinturones de seguridad!
2. ¿Son éstos vuestros paraguas?
3. ¡Enséñenme sus carnés de identidad!
4. Éstos son perros lobos.
5. Estas cartas no tienen matasellos.
6. Los hombres-rana arriesgaron su vida.
7. Estas calles son zonas peatonales.
8. ¿Dónde están vuestros blocs de dibujo?

LECCIÓN 13

EJERCICIO 1.

1. No hay ningún problema por mi parte.
2. Sabemos la noticia por la radio.
3. Está prohibido circular por esta calle.
4. Salieron en coche para Italia.
5. Él se conserva muy bien para su edad.
6. Ella no sirve para este trabajo.
7. Vendimos la casa por poco dinero.
8. Estas flores son para ti.

EJERCICIO 2.

1. Él está pluriempleado.
2. Es un verso decasílabo.
3. Es una actriz muy fotogénica.
4. Él es multimillonario.
5. Él es omnipresente.
6. Es una carta anónima.
7. Es un periódico neofascista.
8. Estas ideas son antidemocráticas.

EJERCICIO 3.

1. Este proyecto es irrealizable.
2. Este aire es irrespirable.
3. Esta situación es insoportable.
4. Estas setas son incomestibles.
5. Esta enfermedad es incurable.
6. Esta conducta es incomprensible.
7. Este calor es inaguantable.
8. Esta propuesta es inadmisible.

EJERCICIO 4.

1. Ella es una poetisa muy famosa.
2. ¿Quién es la actriz principal?
3. La emperatriz llevaba una corona de oro.
4. ¿Qué edad tiene su nuera?
5. La reina saludó al gobierno.
6. La princesa aún está soltera.
7. Ella es una heroína nacional.
8. La sacerdotisa presentó las ofrendas.

LECCIÓN 14

EJERCICIO 1.

1. María está de enfermera en este hospital.
2. Esta enfermedad es muy contagiosa.
3. Tienes que ser más puntual.
4. Tengo que estar a las ocho en punto en la oficina.
5. Vuestra hija está hecha una mujercita.
6. Juan está loco por ti.
7. El problema aún está sin solucionar.
8. La situación económica es preocupante.

EJERCICIO 2.

1. Tienen muchas deudas. Están con el agua al cuello.
2. Se llevan muy bien. Están a partir un piñón.
3. No pierdas la paciencia. Todo es cuestión de práctica.
4. Tengo que estudiar mucho. Mi profesor es un hueso.
5. Hay que montar guardia y estar ojo avizor.
6. Él siempre cumple su palabra. Es un hombre de honor.
7. Es un vago. Siempre está cruzado de brazos.
8. Ella no respeta a nadie. Es una deslenguada.

EJERCICIO 3.

1. El enfermo está entre la vida y la muerte.
2. Su novia es de muy buena familia.
3. Luis es un hombre de pelo en pecho.
4. Este político es un veleta.
5. Tu hermano es una cabeza loca.
6. Hoy la profesora está de mal talante.
7. Nuestra emisora está al habla con Perú.
8. Él es un personaje en el mundo deportivo.

EJERCICIO 4.

1. En este lugar estamos seguros.
2. Este tema ya está explicado.

3. Luisa está muy alegre porque ha venido su novio.
4. Es una persona muy alegre.
5. Ese hombre es respetado por todos.
6. La avería eléctrica ya está arreglada.
7. Después de esta tragedia, ellos están destrozados.
8. Esta mañana ha sido aceptada la propuesta.

LECCIÓN 15

EJERCICIO 1.

1. Al entrar ellos, la situación cambió.
2. Con ser muy listo, no aprobó el examen.
3. Al repasar las cuentas, descubrí varios errores.
4. Está en la cárcel, por haber cometido un atraco.
5. De estar en mi mano, te ayudaré.
6. Antes de acusarle, comprueba su culpa.
7. A pesar de ser muy pobre, está contento.
8. A pesar de hacer mucho deporte, no adelgaza.

EJERCICIO 2.

1. Si te entrenas todos los días, podrás ser campeón.
2. Cuando terminó la sesión, nos fuimos a comer.
3. Si seguimos así, no conseguiremos nuestro objetivo.
4. Si estudias mucho, aprobarás el examen.
5. Aunque digas la verdad, nadie te creerá.
6. Porque quiso adelgazar rápidamente, se puso enfermo.
7. Cuando llegamos a casa, nos enteramos de la noticia.
8. Si lloras un poco, quizá te hagan caso.

EJERCICIO 3.

1. Cuando acabó el debate, se realizó la votación.
2. Si tuviéramos más tiempo, podríamos hacerlo mejor.
3. Aunque es muy rico, vive muy austeramente.
4. Cuando llegó el momento, se despidió de todos.
5. Cuando se enteró de la noticia, empezó a llorar.
6. Si lo hubiera sabido, te habría llamado.
7. Si sabes idiomas, podrás encontrar un buen trabajo.
8. Si no hubiera sido por ti, hubiéramos perdido el partido.

EJERCICIO 4.

1. En el bautizo de su hijo echaron la casa por la ventana.
2. Vamos a echar un trago para celebrarlo.
3. Hay que arriesgarse y echar toda la carne en el asador.
4. En las dificultades, él siempre me echa una mano.
5. Para lograr su buena posición, ha tenido que echar los hígados.
6. ¡Echa una ojeada para ver si todo está en orden!
7. Una adivina nos echó las cartas.
8. Él ha echado las muelas en esta profesión.

LECCIÓN 16

EJERCICIO 1.

1. Sigo pensando que no tienes razón.
2. Tenemos coleccionados muchos sellos de España.

3. El enfermo va recuperándose despacio.
4. Llevo escritas muchas páginas.
5. Carmen está trabajando en una empresa japonesa.
6. ¿Tienes preparadas las maletas?
7. Sólo llevan analizados cinco productos.
8. Tenemos pensado viajar por Europa.

EJERCICIO 2.

1. Sí, el libro ya está impreso.
2. Sí, la redacción ya está correcta.
3. Sí, mi hermano ya está despierto.
4. Sí, tengo el examen suspenso.
5. Sí, hay un cable suelto.
6. Sí, su conferencia ha sido muy extensa.
7. Sí, han sido muy atentos.
8. Sí, los perros están sueltos.

EJERCICIO 3.

1. No me gusta la pintura abstracta.
2. Nosotros estamos convencidos de su inocencia.
3. La oposición ha manifestado su desacuerdo.
4. Para esquiar hay que estar provisto de un buen equipo.
5. ¿Cuántos alumnos han suspendido el examen?
6. Él tiene las ideas un poco confusas.
7. ¿Ha confesado ya el criminal?
8. ¡Tenéis que estar más atentos!

EJERCICIO 4.

1. Se me hace la boca agua.
2. Estoy hecho un lío.
3. Llegó haciendo eses.
4. Se ha hecho papilla.
5. Se hizo la sueca.
6. Voy a hacer la colada.
7. Este verano han hecho el agosto.
8. ¡Deja de hacer pucheros!

LECCIÓN 17

EJERCICIO 1.

1. Pasado mañana vamos al cine.
2. La guerra civil española terminó en 1939.
3. ¡Tú te marchas inmediatamente!
4. Por poco nos quedamos sin entradas.
5. Cristóbal Colón descubre América en 1492.
6. ¡Vosotros os quedáis aquí!
7. ¿Estás mañana por la tarde en casa?
8. ¡Usted se viene con nosotros!

EJERCICIO 2.

1. ¿Tú querías preguntar algo?
2. ¿Usted deseaba hablar conmigo?
3. Vosotros nos podíais ayudar.
4. Yo venía a que me prestaras dinero.
5. Yo era muy pequeño cuando murió mi padre.
6. La vida en esta ciudad era antes más tranquila.

7. Cuando nosotros salíamos, sonó el teléfono.
8. Vosotros teníais que ser más amables con él.

EJERCICIO 3.

1. ¡Harás lo que te diga!
2. Habrá que encontrar una solución.
3. ¿Qué hora será ya?
4. ¡Vosotros os quedaréis aquí!
5. ¿Quién vendrá a estas horas?
6. Mañana tendré que quedarme en la oficina.
7. ¿Quién podrá ayudarnos?
8. ¿Cuántas personas cabrán en esta sala?

EJERCICIO 4.

1. No tiene pelos en la lengua.
2. Creo que tiene pasta de cantante.
3. Cada maestrillo tiene su librillo.
4. Tiene más conchas que un galápago.
5. Tienen cubierto el riñón.
6. Hemos tenido mala pata.
7. Tiene la vida en un hilo.
8. Tiene mucha mano izquierda.

LECCIÓN 18

EJERCICIO 1.

1. Mañana yo podría estar a las siete en tu casa.
2. ¿Tendría una habitación con baño?
3. ¿Querría decirme dónde está el director?
4. ¿Estaría usted dispuesto a colaborar con nosotros?
5. Si hiciera buen tiempo, saldríamos mañana para Toledo.
6. Él tendría que estar ya en casa.
7. ¿Sería posible telefonear desde aquí?
8. ¿Me podrías ayudar?

EJERCICIO 2.

1. Nosotros siempre hemos vivido en este barrio.
2. Esta primavera ha sido muy lluviosa.
3. El verano pasado hizo mucho calor.
4. Ella aún no me ha dicho nada.
5. Él hoy no ha ido a trabajar.
6. El tren todavía no ha llegado.
7. ¿Dónde estuvo usted ayer por la tarde?
8. Esta noche ha nevado mucho.

EJERCICIO 3.

1. Nada más hube cenado, me fui a dormir.
2. Cuando llegamos a la estación, el tren ya había salido.
3. Aunque había nevado, se podía circular sin problemas.
4. Nosotros ya sabíamos que él había sido culpable.
5. Una vez hubieron desayunado, salieron de viaje.
6. Ella ganó la carrera porque se había entrenado a fondo.
7. Todo sucedió como ellos habían previsto.
8. Yo ya había visto la película, pero no me acordaba del final.

EJERCICIO 4.

1. Vosotros, en mi lugar, habríais reaccionado igual.
2. Si hubieras llegado antes, no te habría sucedido esto.
3. Creo que nosotros esta tarde habremos terminado el trabajo.
4. ¿Usted qué habría hecho en mi lugar?
5. Yo lo habría conseguido, pero llegué tarde.
6. Supongo que ustedes habrán leído las condiciones.
7. ¿Por qué se habrá comportado Luis así?
8. Nosotros ya habríamos empezado, pero el proyecto está sin aprobar.

LECCIÓN 19

EJERCICIO 1.

1. Dudo que ellos puedan conseguirlo.
2. Me gustaría que alguien me lo explicara.
3. Dile que lo haga en seguida.
4. Te recomiendo que veas esta película.
5. No creo que se ponga a llover.
6. Es una pena que os perdáis este concierto.
7. Mi padre me aconsejó que estudiara Medicina.
8. Sentí que vosotros no estuviérais allí.

EJERCICIO 2.

1. No creo que él tenga razón.
2. No creía que estuvieras aquí.
3. No pienso que ellos estén enfadados conmigo.
4. No es seguro que María vaya a tener gemelos.
5. No creemos que haya alguna solución.
6. No creíamos que fuera posible conseguirlo.
7. No creo que mañana Juan esté ya en casa.
8. No pensamos que ésta sea la mejor solución.

EJERCICIO 3.

1. Me iré a casa cuando haya acabado este trabajo.
2. El que haya roto esto, tiene que pagarlo.
3. Si hubieras cumplido con tu deber, no te habrían echado del trabajo.
4. No creíamos que la operación hubiera sido tan complicada.
5. No es posible que María haya hecho esto.
6. Me trató como si yo hubiera cometido un crimen.
7. No me podía imaginar que ellos hubieran sufrido tanto.
8. Aunque le hubiéramos dicho la verdad, no nos habría creído.

EJERCICIO 4.

1. Siempre harás lo que te mande.
2. Os aconsejo que leáis este libro.
3. Me pidió que le diera pronto una contestación.
4. Es posible que Carlos ya haya vuelto de la oficina.
5. Espero que el examen sea fácil.
6. Me advirtió que tuviera cuidado con él.
7. Dile que venga mañana.
8. Fue una pena que usted no pudiera venir.

LECCIÓN 20

EJERCICIO 1.

1. Por favor, estáte quieto.
2. Por favor, poneos a nuestro lado.
3. Por favor, díganme su dirección.
4. Por favor, conduce más despacio.
5. Por favor, no me interrumpa.
6. Por favor, callaos de una vez.
7. Por favor, dime la verdad.
8. Por favor, tened más paciencia.

EJERCICIO 2.

1. Ellos se levantan muy temprano.
2. Son vecinos, pero se odian a muerte.
3. Ella se cose toda la ropa.
4. La película era tan aburrida que se durmió en el sofá.
5. ¿Cuánto tiempo se va a quedar usted en España?
6. Él quiere comprarse un coche deportivo.
7. En este restaurante se come muy bien y barato.
8. Aquí se alquilan apartamentos en primera línea de playa.

EJERCICIO 3.

1. Ayer se encontró el arma del delito.
2. Se ha aprobado el proyecto.
3. En España se consume más vino que en otros países.
4. Mañana se retransmite el partido en directo.
5. ¿Se alquila algún piso en este edificio?
6. Se comenta que mañana habrá huelga de transportes.
7. En España se cena muy tarde.
8. ¿Cuándo se ha aprobado esta ley?

EJERCICIO 4.

1. ¡Cuida tu ortografía!
2. Es un gran bibliófilo.
3. ¿Conoces a un buen pediatra?
4. Tengo claustrofobia.
5. Es un gran filólogo.
6. Es un gobierno democrático.
7. Es un gran hispanófilo.
8. Quiere estudiar virología.

LECCIÓN 21

EJERCICIO 1.

1. Profundizaremos más en este tema.
2. Está empezando a llover.
3. Las feministas luchan por la emancipación de la mujer.
4. Hay que adaptarse a las circunstancias.
5. Yo me ocuparé personalmente de este asunto.
6. Ella se ha especializado en Física Nuclear.
7. Mi trabajo no lo cambio por nada.
8. ¡Ponte a trabajar!

EJERCICIO 2.

1. ¿A qué hora llega el tren a Barcelona?
2. ¿Podemos contar contigo?
3. Siempre cumple con su palabra.
4. Ellos salieron ayer de viaje.
5. No me acuerdo de nada.
6. Esta obra consta de dos volúmenes.
7. Ella quiere empezar de nuevo y romper con el pasado.
8. ¿Te gustaría ir hoy al teatro?

EJERCICIO 3.

1. ¿Cuánto cuesta medio kilo de queso manchego?
2. En el último decenio se ha avanzado mucho en este proyecto.
3. En la clase somos 20 y sólo la mitad ha aprobado el examen.
4. ¿Le pongo un cuarto kilo de aceitunas?

5. Esto sucedió hace más de un siglo.
6. El curso de español dura un semestre.
7. Voy por el capítulo duodécimo de esta novela.
8. En el primer trimestre cuesta más concentrarse en los estudios.

EJERCICIO 4.

1. Mi abuela es gallega.
2. Nuestros tíos son barceloneses.
3. Carmen es madrileña.
4. Carlos es marroquí.
5. El conferenciante es polaco.
6. Mis primos son portugueses.
7. Estos turistas son griegos.
8. Su novia es canadiense.

ÍNDICE

Pág.

LECCIÓN 1. UNA ENTREVISTA CON EL JEFE DE PERSONAL 4
  Ejercicio 1: Transformación presente .... imperfecto
  Ejercicio 2: Transformación Hoy + presente .... ayer + indefinido
  Ejercicio 3: Transformación Hoy + presente .... esta semana + perfecto
  Ejercicio 4: Transformación Hoy + presente .... mañana + futuro

LECCIÓN 2. UNA TARDE EN EL CINE 6
  Ejercicio 1: Ojalá + subjuntivo
  Ejercicio 2: Negación + creo + subjuntivo
  Ejercicio 3: Para que + subjuntivo
  Ejercicio 4: Expresión del tiempo futuro

LECCIÓN 3. EN LA ESTACIÓN 8
  Ejercicio 1: Pretérito perfecto de subjuntivo
  Ejercicio 2: Negación + perfecto de subjuntivo
  Ejercicio 3: "Es necesario que" + subjuntivo
  Ejercicio 4: "Cuando" + subjuntivo + futuro

LECCIÓN 4. LA VIDA EN LA GRAN CIUDAD 10
  Ejercicio 1: Tiempos del pasado
  Ejercicio 2: "Ojalá" + subjuntivo
  Ejercicio 3: Empleo del condicional
  Ejercicio 4: Condicionales

LECCIÓN 5. EN LA MONTAÑA 12
  Ejercicio 1: Empleo del pluscuamperfecto de subjuntivo
  Ejercicio 2: Empleo del condicional compuesto
  Ejercicio 3: Las condicionales
  Ejercicio 4: Transformación en condicionales

LECCIÓN 6. UN ENCUENTRO CASUAL 14

        Ejercicio 1: Las completivas

        Ejercicio 2: Estilo indirecto

        Ejercicio 3: Interrogativas indirectas

        Ejercicio 4: Estilo directo / indirecto

LECCIÓN 7. VISITA A UN MUSEO 16

        Ejercicio 1: La pasiva

        Ejercicio 2: La pasiva refleja

        Ejercicio 3: La forma impersonal

        Ejercicio 4: Los diminutivos

LECCIÓN 8. EN LA FACULTAD 18

        Ejercicio 1: Causa con "porque"

        Ejercicio 2: Causa con "por" + infinitivo

        Ejercicio 3: Consecuencia + tanto + verbo + que

        Ejercicio 4: Utilice la grafía correcta

LECCIÓN 9. NOCHE DE FIESTA 20

        Ejercicio 1: Condición con "si"

        Ejercicio 2: Transformación en condicionales

        Ejercicio 3: De haber + participio + condicional

        Ejercicio 4: Ortografía

LECCIÓN 10. VISITA A UNA REDACCIÓN 22

        Ejercicio 1: Concesión con "aunque"

        Ejercicio 2: Adjetivos derivados de sustantivos

        Ejercicio 3: Palabras compuestas

        Ejercicio 4: Formación de adjetivos mediante sufijos

LECCIÓN 11. LA DESPEDIDA 24

        Ejercicio 1: Expresión de la comparación

        Ejercicio 2: Formación de sustantivos

        Ejercicio 3: Expresión del nombre del comercio

        Ejercicio 4: Formación de sustantivos a partir de adjetivos

LECCIÓN 12. ESPAÑA Y SU SITUACIÓN EN EL MUNDO 27

        Ejercicio 1: Concordancia entre sujeto-verbo

        Ejercicio 2: Artículo determinado "el"/"la"

        Ejercicio 3: Colocación de la forma correcta del determinante

        Ejercicio 4: Formación del plural

LECCIÓN 13. LA LENGUA ESPAÑOLA: SU DIFUSIÓN 30

    Ejercicio 1: Las preposiciones ''para'' / ''por''

    Ejercicio 2: Formación de adjetivos con prefijos

    Ejercicio 3: Formación de adjetivos con el sufijo ''-ble''

    Ejercicio 4: Sustitución de la forma masculina por la femenina

LECCIÓN 14. HISPANOAMÉRICA 33

    Ejercicio 1: ''Ser'' / ''estar''

    Ejercicio 2: ''Ser'' / ''estar''

    Ejercicio 3: ''Ser'' / ''estar''

    Ejercicio 4: ''Ser''/ ''estar''

LECCIÓN 15. EL ESPAÑOL EN AMÉRICA 35

    Ejercicio 1: Sustitución en oraciones subordinadas de diferentes estructuras por formas del infinitivo

    Ejercicio 2: Sustitución en oraciones subordinadas en las que entren formas de infinitivo, gerundio o participio por otras estructuras

    Ejercicio 3: Sustitución en oraciones subordinadas en las que entren formas de infinitivo, gerundio o participio por otras estructuras

    Ejercicio 4: Expresiones con el verbo ''echar''

LECCIÓN 16. EL TURISMO 38

    Ejercicio 1: Perífrasis verbales

    Ejercicio 2: Participios irregulares

    Ejercicio 3: Verbos con dos participios

    Ejercicio 4: Expresiones con el verbo ''hacer''

LECCIÓN 17. LA EMIGRACIÓN 41

    Ejercicio 1: Usos del presente de indicativo

    Ejercicio 2: Usos del pretérito imperfecto de indicativo

    Ejercicio 3: Usos del futuro

    Ejercicio 4: Expresiones con el verbo ''tener''

LECCIÓN 18. LA DIVERSIDAD PENINSULAR 44

    Ejercicio 1: Usos del condicional simple

    Ejercicio 2: Pretérito perfecto/pretérito indefinido

    Ejercicio 3: Pretérito pluscuamperfecto/pretérito anterior

    Ejercicio 4: Futuro perfecto/condicional compuesto

LECCIÓN 19. EL FÚTBOL 46

        Ejercicio 1: Presente/pretérito imperfecto de subjuntivo

        Ejercicio 2: Usos del subjuntivo

        Ejercicio 3: Pretérito perfecto/imperfecto de subjuntivo

        Ejercicio 4: Usos del subjuntivo

LECCIÓN 20. PRENSA Y POLÍTICA 48

        Ejercicio 1: Usos del imperativo

        Ejercicio 2: Pronombre "se"

        Ejercicio 3: Forma "se" en pasiva refleja e impersonal

        Ejercicio 4: Formación de sustantivos/adjetivos a partir de raíces sufijas

LECCIÓN 21. LA CONFERENCIA DE MADRID 51

        Ejercicio 1: Verbos + preposiciones

        Ejercicio 2: Verbos + preposiciones

        Ejercicio 3: Numerales

        Ejercicio 4: Gentilicios